BEI GRIN MACHT SICH IHR
WISSEN BEZAHLT

AF144769

- Wir veröffentlichen Ihre Hausarbeit,
  Bachelor- und Masterarbeit

- Ihr eigenes eBook und Buch -
  weltweit in allen wichtigen Shops

- Verdienen Sie an jedem Verkauf

Jetzt bei www.GRIN.com hochladen
und kostenlos publizieren

Bibliografische Information der Deutschen Nationalbibliothek:

Die Deutsche Bibliothek verzeichnet diese Publikation in der Deutschen National-
bibliografie; detaillierte bibliografische Daten sind im Internet über http://dnb.d-
nb.de/ abrufbar.

Impressum:

Copyright © 2016 GRIN Verlag, Open Publishing GmbH
Druck und Bindung: Books on Demand GmbH, Norderstedt Germany
ISBN: 9783668261419

Dieses Buch bei GRIN:

http://www.grin.com/de/e-book/336002/die-swot-analyse-markenmanagement-
sponsoringkonzept

Manfred Feldmann

Die Swot-Analyse. Markenmanagement-Sponsoringkonzept

GRIN Verlag

GRIN - Your knowledge has value

Der GRIN Verlag publiziert seit 1998 wissenschaftliche Arbeiten von Studenten, Hochschullehrern und anderen Akademikern als eBook und gedrucktes Buch. Die Verlagswebsite www.grin.com ist die ideale Plattform zur Veröffentlichung von Hausarbeiten, Abschlussarbeiten, wissenschaftlichen Aufsätzen, Dissertationen und Fachbüchern.

Besuchen Sie uns im Internet:

http://www.grin.com/

http://www.facebook.com/grincom

http://www.twitter.com/grin_com

Inhaltsverzeichnis

1 SWOT-Analyse am Fallbeispiel Fraport Skyliners

Um ein besseres Verständnis für die Swot-Analyse zu entwickeln, folgt zunächst die Erläuterung der Begrifflichkeit "SWOT":

„Der Begriff "SWOT" steht für Strenghts (Stärken), Weaknesses (Schwächen), Opportunities (Chancen) und Threats (Risiken)" (Schumann, 2015, S.50). Die SWOT-Analyse "stellt eine Positionierungsanalyse der eigenen Aktivitäten gegenüber dem Wettbewerb dar" (Gabler Wirtschaftslexikon, 2016, Stichwort: Swot). Im Folgenden wird nun eine SWOT-Analyse am Beispiel des Basketballclubs Fraport Skyliners durchgeführt. Dahingehend wird zum Vergleich hinsichtlich der SWOT-Analyseaspekte der Basketballclub Brose Baskets Bamberg herangezogen, da dieser Verein aus rein sportlichen Gesichtspunkten als erfolgreichster deutscher Basketballverein der letzten 10 Jahre klassifiziert werden kann (Holz, 2016, Meister & Pokalsieger).

1.1 Durchführung einer Stärken-Schwächen-Analyse

Im ersten Teilschritt erfolgt eine Stärken-Schwächen-Analyse der Fraport Skyliners. In folgender Tabelle konnten drei wesentliche interne Stärken und Schwächen gegenüber Konkurrenten ausgemacht werden.

Tab. 1: Stärken-Schwächen-Analyse der Fraport Skyliners

Stärken	Schwächen
Personalstruktur: • professionelle Strukturen	Fehlende Tradition: • erst seit 1999 Mitglied BBL
"Neuer Frankfurter Weg": • Einbau vieler deutscher Nachwuchsakteure	Kapitalausstattung: • geringer Etat
Fraport Skyliners Förderkreis: • Vertreter aus Politik / Wirtschaft	Infrastruktur: • Mehrzweckhalle

Begründung der Stärken:

Zu den Stärken der Fraport Skyliners zählen die professionellen Strukturen im Personalwesen. Die Geschäftsführung verfügt mit Herrn Dr. Gunnar Wöbke über einen Fachmann des Basketballs, der selbst eine Spielervergangenheit im Basketball aufweist. Er bringt somit fachliches Know-How der Sportart mit und zeigt sich zugleich als gut vernetzt innerhalb Basketball-Deutschland.

Außerdem liegt eine sinnvolle Aufteilung der einzelnen Unternehmensbereiche vor, da zwischen Geschäftsführung, Organisation, Finanzwesen, Marketing und Sponsoring, usw. sinnvolle Unterscheidungen bestehen und auch die Größe der einzelnen Handlungsfelder hinsichtlich der Aufgabenlast mit 2 bis 3 Personen gut verteilt wirkt. Außerdem zeigen sich die Frapot Skyliners durch die Anstellung zwei dualer Studenten und eines Auszubildenden auf Nachhaltigkeit im Personalwesen bedacht (Nawrath, 2016, Mitarbeiter).

Neben einer extrem positiven Wahrnehmung in der Öffentlichkeit haftet mit dem "Neuen Frankfurter Weg" den Frapot Skyliners ein Alleinstellungsmerkmal im deutschen Basketball an. Dieser Weg, "der die Prämisse hat, deutsche Nachwuchsspieler zu fördern, soll die Hessen an die Spitze führen" (Pereira, 2014, Saisonvorschau 2014/2015-Fraport Skyliners). Auf „Platz 1 der gespielten „deutschen Minuten" sahen sich die Frankfurter letzte Saison. 47,2 %, also knapp 3.258 Minuten, standen einheimische Akteure für die Skyliners auf dem Hardwood der Bundesliga – Spitzenwert unter allen 18 Bundesligisten" (Pereira, 2014, Saisonvorschau 2014/2015-Fraport Skyliners). In einer Liga, die gekennzeichnet ist von Ausschöpfung der Ausländerkontingente und wenig Vertrauen in den deutschen Nachwuchs, schafft diese Herangehensweise Identifikation bei Fans und Umfeld.

Eine besondere Stärke stellt der Fraport Skyliners Förderkreis dar, dem zahlreiche hochrangige Vertreter aus Politik, Gesellschaft und Wirtschaft angehören. Dieser übernimmt eine beratende und unterstützende Funktion für die Fraport Skyliners und nimmt sich der "Entwicklung des professionellen Basketballsports in Frankfurt" an (Nawrath, 2016, Förderkreis). Die Etablierung einer solchen Institution schafft eine professionelle und vertrauenswürdige Außendarstellung hinsichtlich Sponsorenakquise, Umfeld mit Fans und der Stadt. Als weiterer Vorteil der Fraport Skyliners kann die gute Vernetzung jener Mitglieder innerhalb von Politik und Wirtschaft gereichen.

Begründung der Schwächen:

Die Fraport Skyliners sind ein traditionsarmer Verein, dessen Existenz auf der Übernahme der Bundesligalizenz von Tatami Rhöndorf 1999 beruht (vgl. Reißner, 2001). Es gab seit der Gründung Namensumbenennungen von „Skyliners Frankfurt" bis aktuell „Fraport Skyliners" und in der ewigen Tabelle belegt man gerade mal Platz 11 (Holz, 2016, Ewige Tabelle). Dies hat zur Folge, dass man den Basketball-Hochburgen (über 100.000 Zuschauer) bezüglich der Zuschaueranzahl in der Hauptrunde mit knapp 80.000 hinterherhinkt und im Verhältnis weniger Einnahmen generiert (Holz, 2016, Zuschauer-Statistiken).. Man steht im Schatten des großen Frankfurter Traditionsvereins und Fußball-Konkurrenz „Eintracht Frankfurt".

Eine weitere Schwäche stellt die finanzielle Ausstattung des Clubs dar, der sich zwar bisweilen auf sportlicher Ebene nicht allzu negativ ausgewirkt hat. Will man aber auf Dauer in der Spitzengruppe des deutschen Basketballs vertreten sein "müssten die Hessen allerdings gewaltig ihren Spieleretat erhöhen. In der Kategorie sind sie nach eigenen Angaben nicht einmal unter den Top zwölf Klubs der BBL" (Tinc, 2015).

Dringend Bedarf besteht in der Infrastruktur in Sachen Hallenbau. "Es gibt ja keine Infrastruktur, die heute noch zeitgemäß ist". „Wir kommen aus dem Startjahr 1999, als wir meiner Meinung nach hinter Berlin die zweitbesten Voraussetzungen für die Entwicklung eins Basketballteams in Deutschland hatten. Mittlerweile sind wir diesbezüglich abgesackt, ich würde sagen so auf Platz 13 oder 14" (Wöbke, 2014, Wichtig ist, dass es uns dann noch gibt). Betrachtet man die Hallenauslastung während der Hauptrunde von 92,3 Prozent, so lässt sich ein Bedarf an Zuschauerplätzen feststellen (Holz, 2016, Zuschauer-Statistiken).

1.2 Durchführung einer Chancen-Risiko-Analyse

Im zweiten Teilschritt der SWOT-Analyse nimmt man eine Chancen-Risiko-Analyse vor. Folgende Tabelle verschafft einen groben Überblick der Chancen und Risiken der Fraport Skyliners.

Tab. 2: Chancen-Risiko-Analyse der Fraport Skyliners

Chancen	Risiken
Internationaler Erfolg	Abhängigkeit von Großinvestoren
• FIBO Europe Cup Sieger 2016	• Fraport
Beste Liga 2020	Supranationale Organisation
• Popularität	• Abnahme des Interesse
Free -TV Übertragung	Erfolg Nationalmannschaft
• Erhöhung Bekanntheitsgrad	• geringer Erfolg

Eine Chance für die Fraport Skyliners zählt mit dem Triumph des FIBA Europe Cups ein seltener deutscher internationaler Erfolg. Erst dreimal waren deutsche Vereinsmannschaften international erfolgreich und zuletzt gelang dies vor sechs Jahren (Frankfurter Rundschau, 2016, Skyliners feiern Krönung). In diesem Zusammenhang nehmen die Fraport Skyliners nun eine besondere Bedeutung für Basketball-Deutschland ein und erfahren so überregionales Echo.

Deutsche Basketballvereine, wie die Fraport Skyliners sind stark abhängig von Großinvestoren, wie "Fraport". Es besteht das Risiko der Existenz, welche bedroht wird, sobald sich der Großinvestor für einen Rückzug entscheidet.

Der deutsche Basketballbund setzt sich als Ziel bis 2020 die stärkste nationale Basketballliga Europas darzustellen (Levin, 2014, BBL "Ziel 2020"). Dies wird der Sportart Basketball im deutschen Raum helfen, seine Popularität zu steigern. Dadurch steigert die Sportart auch seine Attraktivität gegenüber Fans und Unternehmen als mögliche Geldgeber.

"Schaut man sich aber die vorherrschende Realität in der europäischen Basketballlandschaft an, muss man feststellen, dass der Spielbetrieb in zunehmendem Maße supranational organisiert ist" (Levin, 2014). Die Gefahr einer supranationalen Liga liegt im Verlust regionaler Geldgeber sowie der Attraktivität für Zuschauer. In Deutschland ist man gewohnt nationale Ligen zu verfolgen.

Eine große Chance in der Vermarktung und der Steigerung des Bekanntheitsgrades bietet die Free TV Übertragung des Basketballs auf Sport 1. "Geplant sind 34 Spiele der Hauptrunde sowie 14 Begegnungen der Playoffs. SPORT1 überträgt die Beko BBL mindestens bis einschließlich der Saison 2015/2016" (Holz, 2016, BBL auf Sport 1).

Zugleich steht über allen Vereinssportarten in Deutschland der Erfolg der Nationalmannschaft, an dessen in der Regel die Popularität der Sportart geknüpft ist. Ist die Sportart populär, gewinnen auch die Fraport Skyliners als Verein an Zuspruch. Es besteht das Risiko, dass sich unsere zuweilen wenig erfolgreiche Basketball-Nationalmannschaft negativ auf die gesamte Sportart auswirkt.

1.3 Erstellung einer SWOT-Matrix

Als letzten Teilschritt bedarf es der Erstellung einer Swot-Matrix, welche die interne Stärken-Schwächen-Analyse mit der externen Chancen-Risiko-Analyse der Fraport Skyliners verknüpft. Anschließend können Strategien für die Fraport Skyliners erarbeitet werden (Schumann, 2015, S. 54).

Es folgt die Darstellung einer Swot-Matrix für den Club mit zwei zu erarbeiteten Strategiekombinationen:

Tab. 3: SWOT-Matrix

Chancen // Risiken Stärken // Schwächen	Chancen • Internationaler Erfolg • Beste Liga 2020 • Free-TV Übertragung	Risiken • Abhängigkeit • von Investor • Supranationale Organisation • Erfolg Nationalmannschaft
Stärken • Personalstruktur • "Neuer Frankfurter Weg" • Fraport Skyliners • Förderkreis	**S-O-Strategien** • Veranstaltung eines Events auf einen öffentlichen Platz, um FIBO Europe Cup zu feiern und so für Aufsehen und Wahrnehmung in Frankfurt zu sorgen • Unternehmensveranstaltungen mit Kommunikation und Vermarktung des Alleinstehungsmerkmals und des erfolgreichen Modells • "Neuer Frankfurter Weg"	**S-T-Strategien** • Netzwerke des Förderkreises nutzen, um sich bei ansässigen, zusätzlichen Firmen vorstellen zu dürfen • Kontinuierlicher Kaderumbau hin zu überwiegend jungen, deutschen Nachwuchstalenten mit Perspektive, damit die Nationalmannschaft auf Sicht erfolgreicher wird
Schwächen • Fehlende Tradition • Kapitalausstattung • Infrastruktur	**W-O-Strategien** • Forcierung moderner Hallenbaumaßnahmen, um mehr Stadionbesucher durch den internationalen Gewinn ins Stadion locken zu können • Vereinsvorführungen bei Unternehmen in Kombination mit Preisnachlässen für Mitarbeiter bei Ticketkontingentabnahme, für mehr finanzielle Mittel für Wettbewerbsfähigkeit in einer starken Liga	**W-T-Strategien** • inkludierter VIP- Bereich bei Hallenneubau um größere Unternehmen zu einem Einstieg zu bewegen • Hauptaugenmerk auf die Nachwuchsförderung richten, um junge Perspektivspieler für die Fraport Skyliners und der Nationalmannschaft auszubilden.

2 Entwicklung eines Merchandisingkonzepts für einen Tennisverein

Es soll ein Merchandisingkonzept für einen großen Tennisclub entwickelt werden. Anlass ist die 10-jährige Zweitligazugehörigkeit der Damenmannschaft.

2.1 Geschäftsmodell

Um die Frage nach dem richtigen Geschäftsmodell in Bezug auf einen Tennisclub beantworten zu können, sollte man zunächst rationale Überlegungen im Hinblick auf folgende Aspekte anstellen:

- Personelle und Finanzielle Ressourcen (Wissen und Bereitschaft zur Betreibung)
- Mitgliederstärke des Verein
- Fan- /Zuschaueraufkommen bei Heimspielen der beiden 1. Mannschaften
- Identifikation der Tennisbegeisterten mit dem Club

Nach Abwägung aller Gesichtspunkte stellt sich das Betreiben des Fanartikelgeschäfts in Eigenregie als zu risikoreich für den Verein dar. Daher wählt man ein Geschäftsmodell bei dem betriebliche Teilfunktionen wie die Beschaffung und Produktion der Fanartikel ausgelagert werden. Es wird eine Kooperation mit einem ansässigen Druckdienstleister eingegangen, der die Fanartikelware auf Kommission zur Verfügung stellt und dafür Merchandisingrechte erwirbt. Für den Verein eine sehr risikoarme Handhabung, da man finanziell nicht in Vorleistung treten muss und keine Lagerhaltung die Konsequenz ist.

2.2 Fanartikelsortiment

Eine detaillierte Beschreibung des Fanartikelsortiments wird in folgender Tabelle dargestellt.

Tab. 4: Sortimentsarchitektur

Fanartikel	Beschreibung	Sortiments-tiefe	Begründung
Tennis-Shirt	traditionelles Tennishirt mit Vereinslogo auf Brust und einem vereinsfarbenen Slogan auf dem Rücken: **„10 Jahre Bundesliga - winning never grows old!"**	200 Stück .	• Nutzenaffin • Zielgruppenaffin • Imageaffin
Tennis-Caps	Caps mit Vereinslogo (Männliche + weibliche Ausführung)	100 Stück	• Nutzenaffin • Zielgruppenaffin
Schweißbänder	Schweißband mit Slogan: **„10 Jahre - Liga 2!"**	50 Stück	• Nutzenaffin • Zielgruppenaffin
Schlüssel-anhänger	Kleiner, mit Vereinsnamen bedruckter Tennisball als Schlüsselanhänger	120 Stück	• Souvenir

Fanschal	Schal in Vereinsfarben; Slogan: „Danke für 10 Jahre Liga 2!"	100 Stück	• Souvenir
Handtuch	bedruckt mit Slogan: „SEE YOU – ON COURT!"	50 Stück	• Nutzenaffin • Zielgruppenaffin

2.3 Zielgruppe

Der Tennisclub beschreibt sich als familiär und sowohl im Breiten- als auch Leistungs-sport etabliert. Da es sich bei Tennis um keine Kontaktsportart handelt, kann davon ausgegangen werden, dass Geschlechterunabhängig in allen Altersklassen Tennissport im Verein betrieben wird. Bei Erstellung des Merchandising- Konzepts liegt der Fokus vor allem auf der primären Zielgruppe: Mitglieder, Zuschauer und alle Anhänger, die mit dem Tennisclub sympathisieren und eine besondere Verbundenheit zum Verein aufweisen (vgl. Schumann, 2015, S. 325).

2.4 Bedingungen

Strategie: Externe Auslagerung der Fanartikelproduktion mit Kompensationsgeschäfts-vereinbarung. Druckdienstleister erhält für die Übernahme des Risikos eine Werbeflä-che am Centercourt. Er übernimmt die Produktion und den Druck der Artikel. nachbes-tellt werden. Die VK-Preise werden auf Empfehlung und Beratung des Druckdienstleis-ters kalkuliert.

Tab. 5: Konditionen der Fanartikel

Fanartikel	Preis pro Stück
Tennis-Shirt	20,00 €
Tennis-Caps	15,00 €
Schweißband Handgelenk / Kopf	10,00 € / 7,00 €
Schlüsselanhänger	3,00 €
Fanschal	12,00 €
Handtuch	14,00 €

2.5 Kanäle

Der Tennisclub hat das Ziel, die Vertriebswege bestmöglich zu koordinieren und die optimalen Kanäle auszuwählen (vgl. Schumann, 2015, S. 330). Als Vertriebskanäle sollen sowohl Eigenvertrieb, in Form von stationären Verkaufsstellen auf der Tennisan-lage, als auch Fremdvertrieb genutzt werden. Eine solche Verkaufsstelle kann man ei-nerseits in der Gastronomie des Tennisclubs einrichten. Zusätzlich sollte eine mobile Verkaufsstation auf der Anlage selbst bei Festen, Veranstaltungen errichtet werden.

Der Fremdvertrieb der Merchandising-Produkte soll in einer Filiale des Kooperations-partners organisiert sein, welche sich in einem großen Kaufhaus der Stadt befindet.

2.6 Begleitmaßnahmen

Das Budget gibt den Rahmen vor, in dem Fanartikel kommunikativ beworben werden und ist bei einem Tennisclub stark limitiert. Stets wird darauf geachtet, dass Informatio-nen zum Ort und Zeitpunkt des Fanartikelverkaufs bei kommunikativen Hinweisen in-kludiert sind.

Folgende Maßnahmen empfehlen sich daher:

- Bewerbung des Fanartikelsortiments auf eigener Homepage und Facebook- Seite
- Akustikwerbung bei Heimspielen der Damenmannschaft durch Stadionsprecher
- Akustikwerbung bei sämtlichen Vereinsveranstaltungen und Festen

Es ist darauf zu achten, dass kein Budget für die Bewerbung des Fanartikelsortiments zur Verfügung steht.

2.7 Zeitraum

Das Fanartikelsortiment soll über eine Saison (April – Oktober) bei allen Vereinsfeier-lichkeiten auf der Tennisanlage und den Heimspielen der 1. Damenmannschaft angebo-ten werden. Besondere Beachtung genießt dabei die Feier der 10-Jährigen Zugehörig-keit zur 2. Bundesliga. Auch der Fremdvertrieb durch den Druckdienstleister ist auf diese eine Tennis-Saison beschränkt.

3   Markenmanagement am Fallbespiel EVR

3.1 Situationsanalyse des EVR

Die Situationsanalyse erfolgt anhand einer tabellarischen Beschreibung.

Tab. 6 Beschreibung EVR

Interne Rahmenbedingungen	Externe Rahmenbedingungen
Leistungsangebot / Produkte	Wettbewerber
• Profimannschaft in Oberliga Süd • DNL-Team in höchster Spielklasse • beeindruckende Nachwuchsförderung	• Lokalkonkurrenz durch Fußballverein SSV Jahn Regensburg • Konkurrenz im Eishockeysport: > 1 Oberligaverein & 2 DEL-Vereine
Mitarbeiter	Erscheinungsbild / Image des Vereins
• Eigenständige Jugendarbeit > Lizenztrainer + Profispieler als Trainer • 4 Angestellte + externe Mitarbeiter	• negative Vergangenheit: Insolvenz • aktuell sehr positives Image > über 90.000 Zuschauer

• viele ehrenamtliche Kräfte	> knapp 1100 verkaufteDauerkarten
Finanzen	**Vernetzung mit Lokalpolitik und Wirtschaft**
• Schatzmeister	• guter Kontakt zu Oberbürgermeister
> Statistiken, Planung, Kontrolle	• EVR-Beirat:
• Zusammenarbeit mit Steuerberatungskanzlei	> Vertreter aus regionaler Wirtschaft
> beratende Funktion	> Verschaffung Kontakte / Netzwerke
Vereinsführung	**Infrastruktur**
• beständige Führung (seit 3 Jahren)	• Standort: Boomstadt Regensburg
• Schaffung von Strukturen	• Professionelle Sportstätten
• Investor mit Anliegen Nachwuchs	> Stadionkapazität: 4.961
	> 2 Eisflächen, Krafträume, VIP-Raum
Marketing	**Presse**
• Strategische Planung	• teils sehr guter Kontakt
> schriftliche Fixierung	> eigene Pressearbeit an Verteiler
• absolutes Vertrauen von Geschäftsführung,	• Priorität im Lokalsport: Fußball
Sponsoren und Umfeld	• sehr häufig in Medien vertreten
• Federführung externe Mitarbeiterin	> 3mal pro Woche (Saison)

3.2 Unternehmens- und Markenziele des EVR

Zunächst sollen Ziele aus der Situationsanalyse des beschriebenen Vereins im Marken-
aufbau abgeleitet werden. Dabei können sowohl psychographische und ökonomische
Zielgrößen ins Visier genommen werden also auch Ziele interner Markenführung (vgl.
Schumann, 2015, S. 190). Für den EVR werden folgende Ziele vorgenommen:

- interne Markenführung: Markencommitment ausbauen
- Psychographisch: Steigerung der Markenloyalität
- Ökonomisch: Erhöhung des Markenwerts

Im Bereich interner Markenführung zielt man auf den Ausbau des Markencommitments
ab. Markencommitment "beschreibt eine langfristige, durch Einstellung und Verhalten
geprägte Bindung interner Anspruchsgruppen an ein Unternehmen bzw. an eine Marke"
(Gabler Wirtschaftslexikon, 2016, Markencommitment). Eine Marke wächst von innen
heraus und in diesem Bezug ist das Ziel, die Leistungsbereitschaft der Mitarbeiter zu
erhöhen. Je einheitlicher eine Marke sich nach außen präsentiert, desto stärker wirkt
sie. Aus diesem Grund muss angestrebt werden, dass Mitarbeiter zu überzeugenden
Repräsentanten und Botschaftern einer Marke werden. Die Marke EVR weist einen ho-
hen Bekanntheitsgrad in der Region Regensburg auf und strahlt aufgrund der sportlicher
Erfolge, seriösen Führung und nachhaltiger Nachwuchsarbeit vergangener Jahre ein

positives Markenimage aus. Die Markenqualität im Falle EVR bezieht sich hauptsächlich auf das Produkt 1. Mannschaft. Weitere subjektive Faktoren, aus denen sich die Gesamt-Markenstärke des EVR entwickelt, sind der wahrgenommene sportliche Erfolg und die Markenloyalität (vgl. Schumann, 2015, S. 196). "Markenloyalität stellt einen nicht gewohnheitsmässigen, sondern bewussten Wiederkauf einer Marke dar" (Sigrist, Markenloyalität). Hiermit zeigt sich die besondere Schwierigkeit bei einem Sportverein wie dem EVR, da der EVR als regional agierendes Eishockeyunternehmen sehr auf den präsenten, sportlichen Erfolg angewiesen ist, damit der Zuschauer den Weg ins Stadion findet. Aus diesem Grund wurde als Psychographisches Ziel ausgegeben die Markenloyalität zu steigern. Zumal im direkten Umkreis sportliche Konkurrenz innerhalb als auch außerhalb der Sportart Eishockey vorherrscht."Starke Marken im Sport führen zu dem bereits erwähnten "added value" und damit auch zu ökonomischem Erfolg" (Schumann, 2015 S. 196). Ökonomischer Erfolg gilt als oberste Maxime einer Unternehmung und ist Basis für den Fortbestand. Daher sollte der EVR bestrebt sein, den Markenwert EVR zu erhöhen, was die ökonomische Zielsetzung begründet. In unserem Beispiel setzt sich der Markenwert aus den Sponsoringeinnahmen, den Ticket- und Merchandisingeinnahmen zusammen. Der vierte Faktor aus dem sich ein Markenwert bildet, betrifft die Einnahmen aus Vermarktung der Medienrechte (vgl. Schumann, 2015, S. 196). Jene blieben bisher ungenutzt, da man Medien als Kommunikationsmittel zum Imagetansfer und zur Bekanntheitssteigerung nutzt.

3.3 Entwicklung einer Markenidentität
Nach Schumann (2015, S. 186) erfolgt die Entwicklung einer Markenidentität im Wesentlichen in 4 Schritten, die auf den EVR angewendet werden:
1. **Analysephase** // Identitätsfindung
2. **Planungsphase** // Identitätsgestaltung
3. **Umsetzungsphase** // Identitätsvermittlung
4. **Kontrollphase** // Soll-Ist-Abgleich

Es stellt sich in der 1. Phase die Frage nach der Markenherkunft, Markenkompetenz und Markenleistung des EVR. Der Verein musste in der Vergangenheit bereits eine Insolvenz mitmachen und stand kurz vor einer Zweiten. Unter neuer Führung konnte sich der Verein seitdem kontinuierlich weiterentwickeln. In Anlehnung dessen und hinsichtlich bedeutender Nachwuchsarbeit hat sich die Führung jenes Markenversprechen als oberste Maxime gesetzt: Der EVR steht für Ehrlichkeit, Transparenz, Nachhaltigkeit! Als Vision treibt den EVR an, Eishockey als Spitzensport in der Region dauerhaft zu präsentieren und wichtige gesellschaftliche sowie soziale Funktionen verantwortungsvoll zu übernehmen.

Die Planungsphase umfasst die Positionierung des EVR, also wie der Verein nach außen wahrgenommen werden will und wie dies erreicht wird (vgl. Schumann, 2015, S. 196). Der EVR ist bestrebt ein positiver, sympathischer Botschafter für die Sportstadt Regensburg und die Region Ostbayern zu sein. Die Markenpositionierung beabsichtigt die Schaffung einer möglichst unverwechselbaren Identität. Dabei sollten die Marketinginstrumente des 7-P Modells mit einbezogen werden (vgl. Gabler Wirtschaftslexikon, 2016).

In der Umsetzungsphase soll dies im öffentlichen Auftritt erkennbar sein und durch offene Kommunikation erreicht werden. Keine Experimente und Beschönigungen, sondern ehrliche Bestandaufnahme, offene Kommunikation und dem Blick in die Zukunft, entspricht der passenden Vorgehensweise gegenüber Mitarbeitern, Partner, und Fans auf monatlichen Fanstammtischen oder Sponsorenveranstaltungen.

In der Kontrollphase stellt sich die Frage nach der Wahrnehmungsveränderung.

Dabei ist festzustellen, dass der EVR Vertrauen der Fans, der Sponsoren und der Region erarbeitet hat. Doch obliegt dieser Zustand immer der Beeinflussung aktueller Ereignisse, was zu einer Veränderung des Ist-Zustands führt. Die Entwicklung einer Markenidentität erreicht nie einen Stillstand, sondern ist fortwährend.

3.4 Markenarchitektur EVR

Zuletzt wird nun die Markenarchitektur dargestellt und beschrieben.

Abb. 1: Markenarchitektur EVR

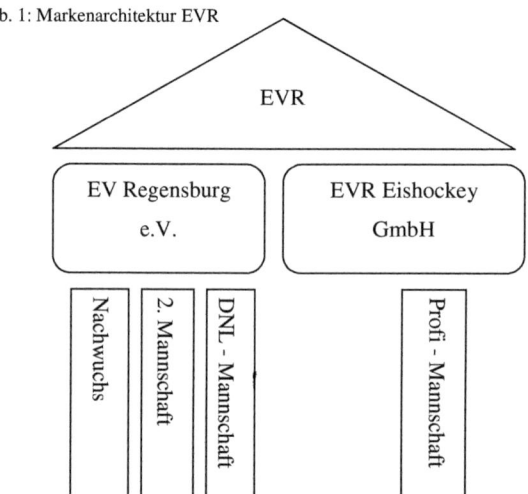

Beim EVR handelt es sich um die Markenorganisationsform einer Dachmarke. Bei einer Dachmarke sind sämtliche Produkte (bei EVR: Profi-Mannschaft, DNL usw.) "unter einer Marke zusammengefasst" (Schumann, 2015, S. 188). Die Dachmarke EVR untergliedert sich in die einerseits ausgegliederte EVR Eishockey GmbH, die sich um die Belange des Spielbetriebs der Profi-Mannschaft sorgt. Die andere Familienmarke in diesem Kontext stellt der Stammverein EV Regensburg e.V. dar. Flaggschiff ist die Deutsche Nachwuchs Liga Mannschaft „DNL", die einzeln vermarktet wird und eine Einzelmarke darstellt. Unter EV Regensburg e.V. formieren sich des Weiteren sämtliche Nachwuchsmannschaften, die als Einzelmarke angesehen werden.

4 Sponsoring am Fallbeispiel 1. FC Regensburg

Nachstehend wird für den hypothetischen Zweitligaverein 1. FC Regensburg ein Sponsoringkonzept entwickelt. Die Vorstellung des Vereins erfolgt tabellarisch:

Tab. 7: Beschreibung 1. FC Regensburg

Standort:	Regensburg (ca. 150.000 Einwohner)
Verein:	1. FC Regensburg
Stadion:	Conti-Arena: Kapazität 15.000
Erfolge:	2013/2014: Klassenerhalt
	2014/2015: Platz 8, Viertelfinale DFB-Pokal
Umsatzwert 2014/2015:	3,5 Millionen

Definition Sponsoringziele:

Erfolgreiches Sponsoring liegt in der Regel vor, wenn langjährige Win-Win-Partnerschaften zwischen Verein und Unternehmen entstehen (vgl. Schumann, 2015, S. 278). Der 1. FC Regensburg definiert für sich zwei Sponsoringziele:

1. Höhere Sponsorenbindung
2. Erhöhung der Sponsoringeinnahmen um 20 Prozent

Sponsoringrechte:

Für den 1. FC Regensburg werden 3 mögliche Rechtepakete entwickelt, um das ökonomische Sponsoringziel zu erreichen. Unter Berücksichtigung der Spielordnung und der Durchführungsbestimmungen des Deutschen Fußball Bundes werden Sponsoringrechte des 1. FC Regensburg wie folgt vermarktet:

1. Die **Werbefläche** Trikotbrust eines mittelständischen, regionalen Unternehmens.

    Lage: auf der Vorderseite des Hemdes und in einer Größe von maximal 200 cm auf dem Brustteil zentriert und in horizontaler Ausrichtung (vgl. DFB, 2016, S.53).

2. **Ausrüstungs- und Servicerecht eines Sportartikelherstellers**

    Lage: einmal auf dem Hemd (höchstens 20 cm²), der Hose, den Stutzen (höchstens 20 cm²) sowie den Torwart-Handschuhen (höchstens 20 cm²) (vgl. DFB, 2016 S. 62).

3. **Verkaufs- und Bewirtschaftungsrecht** im Stadion bei Spielen des 1. FC Regensburg durch eine Brauerei.

    Anmerkungen: keine alkoholische Getränke und in Behältnissen die nach Größe, Gewicht und Art der Substanz nicht splittern können und nicht als Wurf- und Schlagwerkzeuge geeignet sind.

Gegenleistungen des Sponsors:

Die Sponsoren möchten den Regensburger Sport, insbesondere den Fußballverein 1. FC Regensburg fördern und sind daher bereit, den 1. FC Regensburg durch folgende Mittel zu unterstützen und Gegenleistungen für genannte Sponsoringrechte zu leisten:

Zu 1. Werbefläche Trikotbrust:

* 400.000 Euro in Form von Geldleistungen

Zu 2. Ausrüstungs- und Servicerecht:

* 50.000 Euro in Form von Geldleistungen
* alle zu benötigten Ausrüstungsgegenstände für die beiden Herrenmannschaften des 1. FC Regensburg (Torwarthandschuhe, Fußballschuhe, 2 Trikotsätze, etc.)

Zu 3. Verkaufs- und Bewirtschaftungsrecht:

* 50.000 Euro in Form von Geldleistungen
* Sachleistungen in Form von Getränken bei Sponsorenveranstaltungen und Vereinsfesten

Hierarchische Rechtestrukturen des 1. FC Regensburg

Es folgt die hierarchische Darstellung einer hierarchischen Sponsorenstrukur bezogen auf den Zweitligaclub 1. FC Regensburg in moderner Pagodenform (vgl. Schumann, S. 284).

Abb. 2: Sponsoringpagode 1. FC Regensburg

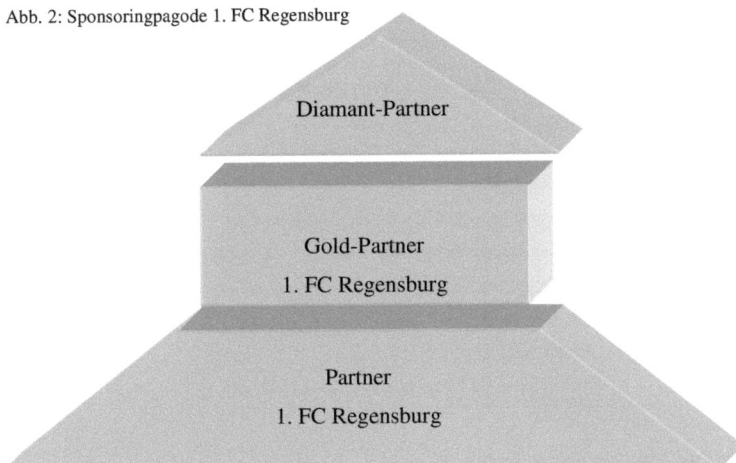

Darstellung einer Informationsgrundlage

Tab. 8: Informationsgrundlage 1. FC Regensburg

Ihr Erfolg ist uns Wichtig!	
Sportart: Fußball	• Weltweit populärste Zuschauersportart • Alleinstellung in deutscher Sportlandschaft
Fußball steht für:	Teamgeist, Toleranz, gesunde Lebensführung, Leidenschaft , Begeisterung
1. FC Regensburg	• Vereinsfarben: Rot-Weiß • Gründungsdatum: 1915 > Traditionsverein Ostbayern • Reiner Fußballclub; Nachwuchs vertreten in den höchsten Spielklassen • 1. Mannschaft: 2. Fußball Bundesliga • 2.Mannschaft: Regionalliga Bayern • Erfolge der letzten Spielzeit: Platz 8, Viertelfinale DFB-Pokal
Medieninformation	TV Präsenz: • Spielberichte im Free TV; 3 Livespiele Free-TV, Live Streaming > Reichweite Deutschlandweit Internetpräsenz: • Liveticker, Homepage, Facebook > 300.000 Aufrufe / Saison Printmedien: • regionale Zeitungen und Fachmagazine: überregionale Präsenz Radio: • Nachberichterstattung, Liveberichterstattung, Hintergrundberichte
Ihre Chancen	
Sponsoringkonzept	Partner ab 5.000 Euro:

1. FC Regensburg	• Basis-Leistungen (Homepage; Teilnahme Partner-Events, usw.)
	• Dauerkarten
	• Auswahl aus "Specials" (Laufbandwerbung, Livetickerwerbung, usw.)
	Gold-Partner ab 50.000 Euro:
	• inkludiert Leistungen eines Partners
	• VIP-Dauerkarten
	• ergänzend, je nach Wirtschaftskraft Auswahl aus:
	• Specials, Bandenwerbefläche, Videospot, Ticketaktion, usw.
	Diamant-Partner ab 150.000 Euro:
	• VIP-Dauerkarten
	• Spielerwerbung
	• individuelles Leistungspaket

Strategien zur Akquise von Sponsoren

Um ausreichend Sponsoren zu akquirieren verfolgt der 1. FC Regensburg unterschiedliche Strategien. Zum einen sollen durch gezieltes Sponsoringmanagement möglichst viele, neue Unternehmen gewonnen werden. Folgende Vorgehensweise empfiehlt sich dabei:

- Aufbau einer Sponsorendatenbank mit Ansprechpartner
- Erstellen eines Sponsoringangebotes und Festlegen eines Ansprechpartners seitens des 1. FC Regensburg
- Ansprache der Sponsoren über Einladungsanschreiben per Post
- Einladung zu einem Spiel inkl. persönlicher Betreuung des potentiellen Sponsors durch Ansprechpartner des 1. FC Regensburg
- Nachbereitungssystematik (Detailliertes Informationsmaterial per Post / weiterer Anruf zur Terminvereinbarung)
- Pflege und Aktualisierung der Sponsorendatenbank mit allen Inhalten der Sponsoren

In der zweiten Strategie wird bestehenden Sponsoren durch verschiedene Sponsorenveranstaltungen, wie beispielsweise einem Sponsorenfrühstück oder einem „meet & greet" mit der Mannschaft des 1. FC Regensburg, ein Mehrwert geleistet. Geschäftspartner und Freunde der Sponsoren sind zum Netzwerken mit eingeladen. Die regelmäßigen Veranstaltungen beinhalten eine Präsentation und Erläuterung der aktuellen Situation des Clubs in Hinblick auf Finanzen, sportlichen Erfolg und Image. Zudem können

Spieler der Mannschaft persönlich kennengelernt werden. So sorgt man für die Zufriedenheit der Sponsoren und schafft es langjährige, loyale Partnerschaften aufzubauen und neue zu binden.

5 Literaturverzeichnis

DFB (2016) : *DURCHFÜHRUNGSBESTIMMUNGEN ZUR SPIELORDNUNG*
http://www.dfb.de/fileadmin/_dfbdam/98211-07_Durchfuehrungsbestimmungen.pdf
Abgerufen am 9. Mai 2016

Frankfurter Rundschau (2014): „Wichtig ist, dass es uns dann noch gibt"
http://www.fnp.de/lokales/frankfurt/Wichtig-ist-dass-es-uns-dann-noch-gibt;art675,752890. Abgerufen am 5. Mai 2016

Frankfurter Rundschau (2016): *Skyliners feiern Krönung- "Jetzt drehen wir richtig auf"*
http://www.fr-online.de/basketball/skyliners-feiern-kroenung----jetzt-drehen-wir-richtig-auf-,28237638,34177056.html. Abgerufen am 2. Mai 2016

Gabler Wirtschaftslexikon (2016): Stichwort: Markencommitment.
http://wirtschaftslexikon.gabler.de/Definition/markencommitment.html
Abgerufen am 6. Mai 2016

Gabler Wirtschaftslexikon (2016): Stichwort: Markenpositionierung.
http://wirtschaftslexikon.gabler.de/Definition/markenpositionierung.html.
Abgerufen am 7. Mai 2016

Gabler Wirtschaftslexikon (2016): Stichwort: Swot.
http://wirtschaftslexikon.gabler.de/Definition/swot-analyse.html. Abgerufen am 1. Mai 2016.

Holz, S. (2016): Stichwort: Meister & Pokalsieger
http://www.beko-bbl.de/de/beko-bbl/historie/meister---pokalsieger/
Abgerufen am 1. Mai

Levin, I. (2014): *BBL "Ziel 2020" -Konkurrenz Durch Supranationale Ligen?*
http://basketball.de/bbl/bbl-ziel-2020-konkurrenz-durch-supranationale-ligen
Abgerufen am 5. Mai 2016

Nawrath, T. (2016): Skyliners Gmbh - Mitarbeiter
http://www.fraport-skyliners.de/wir/mitarbeiter/. Abgerufen am 3. Mai 2016

Perreira, T. (2014): *Saisonvorschau 2014/2015-Fraport Skyliners*
http://basketball.de/bbl/saisonvorschau-20142015-fraport-skyliners.
Abgerufen am 2. Mai 2016

Reißner, D. (2001): *Der Spitzenclub, der aus der Retorte kam*
http://www.welt.de/print-wams/article617988/Der-Spitzenklub-der-aus-der-Retorte-kam.html. Abgerufen am 4. Mai 2016

Schumann, O. (2015): *Studienbrief Sportmarketing*. Saarbrücken. August 2015.

Sigrist, T. (o.J.): *Markenloyalität*
http://www.business.uzh.ch/dam/jcr:00000000-4172-21b6-ffff-ffffe52bb83e/Markenloyalitaet.pdf. Abgerufen am 6. Mai 2016

Tinc, T. (2015): *Skyliners schimpfen und planen*
http://www.fr-online.de/skyliners-frankfurt/skyliners-frankfurt-skyliners-schimpfen-und-planen,1473456,30730094.html. Abgerufen am 4. Mai 2016

6 Abbildungs- und Tabellenverzeichnis

6.1 Abbildungsverzeichnis

Abb. 1: Markenarchitektur EVR

Abb. 2: Sponsoringpagode 1. FC Regensburg

6.2 Tabellenverzeichnis

Tab. 1: Stärken-Schwächen-Analyse der Fraport Skyliners

Tab. 2: Chancen-Risiko-Analyse der Fraport Skyliners

Tab. 3: SWOT-Matrix

Tab. 4: Sortimentsarchitektur

Tab. 5: Konditionen der Fanartikel

Tab. 6: Beschreibung EVR

Tab. 7: Beschreibung 1. FC Regensburg

Tab. 8: Informationsgrundlage 1. FC Regensburg